BEI GRIN MACHT SICH IHR WISSEN BEZAHLT

- Wir veröffentlichen Ihre Hausarbeit, Bachelor- und Masterarbeit

- Ihr eigenes eBook und Buch - weltweit in allen wichtigen Shops

- Verdienen Sie an jedem Verkauf

Jetzt bei www.GRIN.com hochladen und kostenlos publizieren

Konzepte und Technologien von Big Data. Anwendungsbereiche und Gründe für die Nutzung

Martin Graf-Ziller

Bibliografische Information der Deutschen Nationalbibliothek:

Die Deutsche Nationalbibliothek verzeichnet diese Publikation in der Deutschen Nationalbibliografie; detaillierte bibliografische Daten sind im Internet über http://dnb.d-nb.de abrufbar.

ISBN: 9783346739155
Dieses Buch ist auch als E-Book erhältlich.

Das Buch bei GRIN: https://www.grin.com/document/1282160

Seminararbeit

Studiengang: M.Sc. Wirtschaftsinformatik

Big Data: Konzepte und Technologien – In welchen Bereichen werden Big-Data-Technologien eingesetzt und warum

I. Inhaltsverzeichnis

II. Abbildungsverzeichnis

III. Abkürzungsverzeichnis

ACID	Atomicity, Consistency, Isolation, Durability
BASE	Basically Available, Soft-state, Eventually consistent
BI	Business Intelligence
BDSG	Bundesdatenschutzgesetz
CPS	Cyber-Physische Systeme
CRM	Customer Relationship Management
DSGVO	Datenschutz-Grundverordnung
DWH	Data Warehouse
E-Commerce	Electronic Commerce
ERP	Enterprise Resource Planning
ETL	Extraktion, Transformation, Laden
HDFS	Hadoop Distributed File System
IKT	Informations- und Kommunikationstechnik
IT	Informationstechnik
JSON	Javascript Option Notation
NoSQL	Not only Structured Query Language
SGB	Sozialgesetzbuch
XML	Extensible Markup Language

1. Einleitung

1.1 Ausgangssituation

In den letzten Jahren und Jahrzehnten hat die Nutzung und Vernetzung von IT-Systemen signifikant zugenommen. Diese Entwicklung wird unter anderem durch abnehmende Kosten in der Beschaffung von elektronischer Hardware, z.B. von Netzwerkkomponenten, Smartphones und Computern, sowie durch den zunehmenden Ausbau der IT-Infrastruktur begünstigt. Zudem werden der Informationsaustausch und die Vernetzung von IT-Systemen im Zuge der Globalisierung weltweit beschleunigt. Auf diese Weise verändert sich auch die Kommunikation und das Zusammenleben in Gesellschaft und Wirtschaft weltweit. Durch die Zunahme der Vernetzung und des Informationsaustausches findet so auch eine Zunahme der gesamten Datenmenge und der Informationsvielfalt statt. Die steigende Datenmenge und Informationsvielfalt kann dabei vom Menschen nur noch zu einem geringen Teil direkt wahrgenommen werden, weshalb die enorme Datenmenge sowohl inhaltlich als auch organisatorisch koordiniert werden muss. In diesem Zusammenhang fällt dabei häufig der Begriff Big Data (vgl. Kollmann 2020, S. 9-11). Des Weiteren sorgt der technologische Fortschritt in der IKT (Informations- und Kommunikationstechnik) dafür, dass in vielen Bereichen der Wirtschaft preisgünstige und leistungsstarke Systeme, Sensoren und andere technische Instrumente eingesetzt und miteinander vernetzt werden. Im Kontext von Digitalisierung werden zudem viele Prozesse unter Einbezug der vernetzten Systeme und Sensoren transformiert, was wiederum auch die Datenmenge weiter steigen lässt. Diese Entwicklungen führen dabei zu tiefgreifenden Veränderungen und Herausforderungen in Wirtschaft und Gesellschaft (vgl. Bauer et al. 2018, S. 180-182). Neben Veränderungen in der Arbeitswelt existieren hierbei auch weitere Veränderungen im Alltag. So sammeln beispielsweise mobile Endgeräte wie elektronische Fitnessarmbänder, Smartwatches, Smartphones und Tablets verschiedene Daten über das Nutzungsverhalten ihrer Anwender. Diese Daten werden mittels mobilen Übertragungstechnologien an vernetzte IT-Systeme weitergereicht (vgl. Kollmann 2019, S. 13f). Auf diese Weise wirkt sich Big Data auch auf die Gesellschaft aus und bringt dabei sowohl Vorteile als auch Risiken mit sich.

In der Wirtschaft ergeben sich aus der Nutzung von Big Data eine Vielzahl an Möglichkeiten zur Informationsgewinnung und Effizienzsteigerung sowohl in bestehenden als auch in neuen Anwendungsgebieten. Betriebswirtschaftliche und auch technische Prozesse können mittels Big Data optimiert oder auch gänzlich neugestaltet werden und dadurch einen besseren Beitrag zum Unternehmenserfolg leisten. Zudem können durch die Nutzung von Big Data ganze Wertschöpfungsketten und Geschäftsmodelle verändert werden oder auch gänzlich neu entstehen. Unternehmen, welche Big Data sowie entsprechende Systeme hierzu einsetzen, weisen dabei häufig eine hierdurch bedingte Produktivitätssteigerung auf. Somit stellt Big Data auch einen Wettbewerbsfaktor dar (vgl. Müller, Fay & Vom Brocke 2018, S. 502-504). Für Big Data haben sich daher im Laufe der Zeit verschiedene Konzepte und Technologien entwickelt, die in verschiedenen Bereichen aus teils unterschiedlicher Motiven heraus Anwendung finden.

1.2 Zielsetzung

Vor diesem Hintergrund besteht das Ziel der Arbeit darin, den Begriff Big Data theoriegeleitet herauszuarbeiten und zu bestimmen. Zudem sollen Konzepte und Technologien zu Big Data dargelegt und erörtert werden. Des Weiteren sollen verschiedene Anwendungsbereiche von Big Data identifiziert sowie Gründe für die Nutzung von Big Data in diesen verschiedenen Anwendungsbereichen diskutiert werden.

Die detaillierte technische Umsetzung von Big-Data-Technologien im wirtschaftlichen und gesellschaftlichen Umfeld wird in dieser Arbeit allerdings nicht behandelt, da die technische Umsetzung von Big Data sehr komplex und individuell gestaltet ist und somit weit über den Umfang dieser Arbeit hinausgehen würde.

1.3 Vorgehensweise

Zu Beginn der Arbeit werden in Kapitel eins die Ausgangsituation, die Zielsetzung sowie die Vorgehensweise der Arbeit dargelegt. Danach werden in Kapitel zwei der Begriff und das Verständnis von Big Data erörtert. Zudem werden in Kapitel zwei verschiedene Technologien und Konzepte zu Big Data dargelegt, insbesondere NoSQL, Data Lake und Hadoop. Dabei wird auch der Aufbau einer Big-Data-Umgebung aufgezeigt. Im Anschluss daran werden in Kapitel drei verschiedene Anwendungsbereiche sowie Gründe für die Anwendung von Big Data in den Anwendungsbereichen dargelegt und diskutiert. Aus der Vielzahl an möglichen Anwendungsbereichen von Big Data werden hierbei insbesondere Business Intelligence, Industrie 4.0, E-Commerce und das Gesundheitswesen betrachtet. Abschließend werden die Ergebnisse der Arbeit in Kapitel vier in einer Schlussbetrachtung resümiert.

2. Big Data

2.1 Begriffsbestimmung

Der Begriff Big Data bezieht sich auf große, von Unternehmen und Behörden gesammelte Datenmengen, die zu groß und zu komplex für traditionelle Methoden zur Datenverarbeitung und Erkenntnisgewinnung sind. Eine Auswertung dieser gesammelten Datenmengen kann für Unternehmen und Behörden dabei wertvolle Informationen zur Unterstützung in Entscheidungsprozessen liefern, da sich aus diesen großen Datenmengen mittels geeigneten Werkzeugen beispielsweise Zusammenhänge, Muster und Trends ableiten lassen können (vgl. Grable & Lyons 2018, S. 17). Eine einheitliche und exakte Definition des Begriffes Big Data besteht in der wissenschaftlichen Literatur allerdings nicht und wird daher auch aufgrund der verschiedenen Betrachtungsmöglichkeiten teils kontrovers diskutiert. Häufig wird der Begriff Big Data in der wissenschaftlichen Literatur mit den drei V's Volume, Variety und Velocity charakterisiert. Volume stellt dabei die ständig wachsende Menge an Daten dar, die erfasst und auf ebenfalls zunehmender Speicherhardware abgespeichert wird. Jedoch existiert dabei keine festgelegte Größenordnung, ab welcher eine Datenmenge als Big Data bezeichnet wird (vgl. Gandomi & Haider 2015, S. 137f). Variety beschreibt hingegen den Umstand, dass die zunehmende Datenmenge aus einer Vielzahl heterogener Quellen stammt und daher Daten in unterschiedlichen Strukturen und Formaten vorliegen können. Daten aus heterogenen Quellen können beispielsweise Logdateien, Daten aus einem Enterprise-Resource-Planning-System (ERP-System), Sensordaten oder auch Verkehrsdaten sein. Velocity beschreibt die Geschwindigkeit der Erzeugung, Übertragung und Auswertung großer Datenmengen und kann somit einen differenzierenden Wettbewerbsfaktor darstellen, da durch eine schnelle Analyse und Auswertung von großen Datenmengen relevante Informationen in relativ kurzer Zeit bereitgestellt werden können. Dadurch erhöht sich die Reaktionszeit eines Unternehmens oder auch einer Behörde auf veränderte Umweltzustände, wenn z.B. mittels effizienten Big-Data-Analysen von Sensordaten einer Produktionsmaschine der Verschleiß von Maschinenbauteilen noch vor dem Ausfallzeitpunkt rechtzeitig vorhergesagt werden kann (vgl. Oswald et al. 2018, S. 16f).

Neben diesen drei zentralen V-Anforderungen existieren noch weitere V's, die in der Literatur teilweise ebenfalls mit aufgeführt werden. Die weiteren V's sind allerdings weniger technischer Natur, sondern beziehen sich eher auf die Datenverwendung und sind nicht in jedem Anwendungsfall gleichermaßen von Bedeutung. So steht beispielsweise Veracity für Richtigkeit bzw. Genauigkeit der Daten, da manche Datenquellen, z.B. Datenquellen aus dem Bereich der Social Media, falsche Informationen beinhalten können. Value beschreibt den Wert der Daten im Verhältnis zur vorliegenden Datenmenge. Hierbei muss allerdings berücksichtigt werden, dass der Wert der Daten einer Datenmenge zunächst zwar niedrig sein kann, aber die mittels Analysen aus diesen Daten generierten Informationen hingegen von hohem Wert sein können (vgl. Gandomi & Haider 2015, S. 139).

Das Verständnis von Big Data hängt zudem auch von der jeweiligen Perspektive ab. Hierbei existieren insbesondere ein philosophieorientiertes Big-Data-Verständnis, ein problemorientiertes Big-Data-Verständnis und ein technologieorientiertes Big-Data-Verständnis. Das philosophieorientierte Big-Data-Verständnis zielt dabei im Wesentlichen auf die analytische, explorative und strategische Datenverwendung ab, die z.B. in der Öffentlichkeit sowohl positiv als auch negativ aufgefasst werden kann, insbesondere bei personenbezogenen Daten. Das problemorientierte Big-Data-Verständnis erfasst Probleme, die aus Anwendersicht aktuell mit einem oder mehreren der drei V's bestehen, sodass differenzierte Lösungen für den jeweiligen Anwendungsfall entwickelt werden können. Im Gegensatz hierzu ist das technologieorientierte Big-Data-Verständnis zeitabhängig, da die etablierten Technologien, z.B. in einem Unternehmen, nach einem gewissen Zeitraum die drei V-Anforderungen nicht mehr wirtschaftlich realisieren können, sodass für die Bewältigung großer Datenmengen neuere, innovative Technologien erforderlich werden (vgl. Baars & Kemper 2015, S. 223f). Dementsprechend kommt den verschiedenen V's je nach Perspektive und Anwendungsfall eine unterschiedliche Relevanz zu. Insgesamt umfasst der Begriff Big Data somit weit mehr als nur eine große Datenmenge.

2.2 Technologien und Konzepte

2.2.1 NoSQL-Datenbanken

Für die Erfüllung der V-Anforderungen, insbesondere der drei V-Anforderungen Volume, Variety und Velocity, entwickelten sich im Laufe der Zeit eine Reihe verschiedener Big-Data-Technologien. Zur Erfüllung der V-Anforderungen eignen sich dabei insbesondere parallele Infrastrukturen, die eine Aufteilung der Last ermöglichen. Daher wird die Datenhaltung möglichst im Sinne einer größtmöglichen Parallelisierung angelegt. Hierzu wird eine Dateiverwaltung verwendet, die eine Verteilung sämtlicher Daten ausfallsicher und redundant auf die verschiedenen Rechnerknoten ermöglicht. Die Verteilung der Daten kann dabei mittels einem klassischen, hierarchischen Dateisystem oder mittels eines Object-Stores, in welchem Dateiobjekte zusammen mit Metadaten hinterlegt werden, erfolgen. Zusätzlich werden für eine größtmögliche Parallelisierung spezielle, auf die Dateiverwaltung aufsetzende Datenbanksysteme eingesetzt, welche NoSQL-Datenbanken genannt werden (vgl. Baars & Kemper 2021, S. 79f). Im Gegensatz hierzu verwenden relationale Datenbanksysteme Datenbanktransaktionen, die durch ACID-Anforderungen (Atomicity, Consistency, Isolation, Durability) charakterisiert sind. Die ACID-Anforderungen sollen hierbei insbesondere Integrität und Konsistenz der Daten sicherstellen. Eine temporäre Verletzung dieser Anforderungen werden bei NoSQL-Technologien (Not only Structured Query Language) gerade in verteilten Systemen bewusst akzeptiert, um große Datenmengen performant verarbeiten zu können sowie eine Komplexitätsreduktion zu ermöglichen. Daher werden Big-Data-Technologien häufig durch BASE-Anforderungen (Basically Available, Soft-state, Eventually consistent) charakterisiert, welche sich von der klassischen, relationalen Transaktionslogik abwenden (vgl. Moniruzzaman & Hossain 2013, S. 2-4).

NoSQL-Datenbanken lassen sich dabei in die vier Kategorien Key-Value Stores, Document Databases, Wide-Column Stores und Graph Databases unterscheiden. Die NoSQL-Datenbank Key-Value Store speichert auch komplexe Werte mit einem alphanumerischen Schlüssel ab, sodass sie zwar nicht für komplexere Anwendungsfälle geeignet ist, aber dafür eine hohe Performance aufweisen kann. Document Databases sind NoSQL-Datenbanken, in welchen Dokumente in einem Standard-Datenaustauschformat wie XML (Extensible Markup Language) und JSON (Javascript Option Notation) gut durchsuchbar abgelegt werden können. Für Datensätze mit einer sehr großen oder auch einer variablen Anzahl von Spalten eignet sich insbesondere die NoSQL-Datenbank Wide-Column Stores. Graph Databases sind NoSQL-Datenbanken, welche Daten sowie deren Beziehungen untereinander mittels Kanten und Knoten abspeichern anstatt in Tabellenform, sodass unabhängig von der Datenmenge insbesondere vernetzte Informationen performant bereitgestellt und abgelegt werden können (vgl. Moniruzzaman & Hossain 2013, S. 4-8). Mit diesen vier NoSQL-Datenbanktypen können so für verschiedene spezifische Anwendungsfälle jeweils leistungsfähige Big-Data-Systeme ermöglicht werden.

2.2.2 Data Lake

Die zunehmende Vielfalt von Datenformaten und Datenquellen führt nicht nur zu einer Zunahme der gesamten Datenmenge, sondern hat auch heterogen strukturierte Daten zur Folge. Hierbei müssen Big-Data-Systeme mit unstrukturierten, semi-strukturierten und strukturierten Daten umgehen sowie diese verarbeiten und abspeichern können. Zudem werden unternehmensinterne Daten auch häufig durch unternehmensexterne Daten ergänzt, die ebenfalls verschieden strukturiert sein können (vgl Krcmar 2015, S. 333f). Unstrukturierte Daten sind beispielsweise Bild- und Videodateien, wohingegen semi-strukturierte Daten beispielsweise Sensordaten sein können, die als Schlüssel-Wert-Paare erfasst werden. Strukturierte Daten sind beispielsweise Kunden- und Produktstammdaten, die gemäß einem vorgegebenen Schema auf einem Datenspeicher abgelegt werden. Die heterogen strukturierten Daten können dabei in einem unternehmensweiten Data Lake verwaltet werden (vgl. Giebler et al. 2020, S. 58-60).

Abb. 1: Spektrum wichtiger Merkmale von Data Lakes

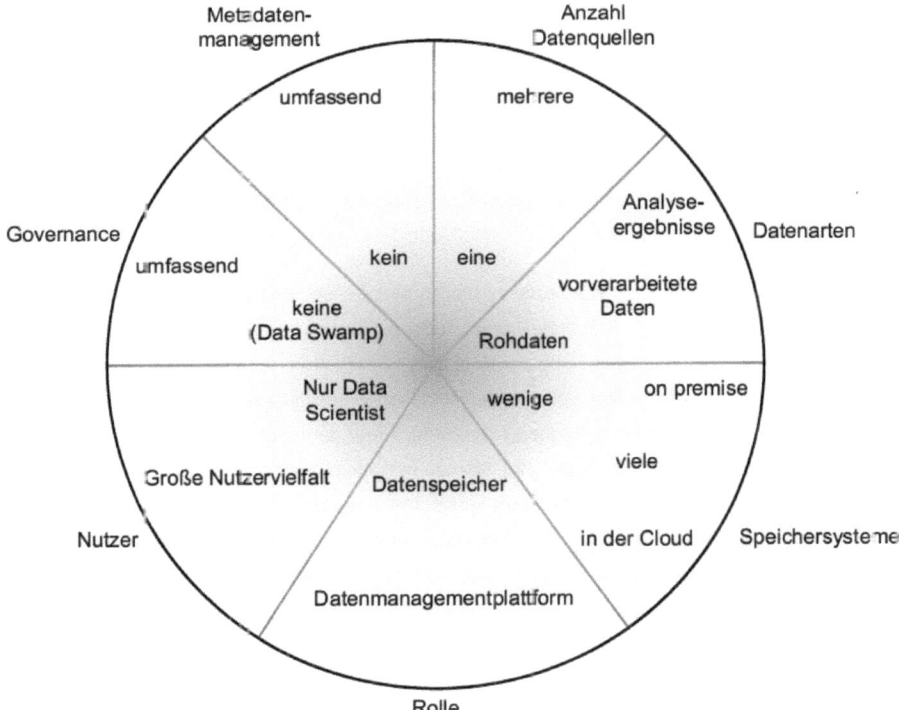

Quelle: Giebler et al. 2020, S. 61

Ein Data Lake stellt dabei ein Konzept zur zentralen, unternehmensweiten bzw. institutionsweiten Speicherung sämtlicher Daten unabhängig von deren Menge oder dem Grad der ihrer Strukturiertheit dar. Somit sind in einem Data Lake eine Menge Rohdaten vorhanden, sodass der Einsatz einer Vielfalt an Analysemöglichkeiten und Anwendungen möglich ist. So können beispielsweise im Data Lake Daten aus verschiedenen Systemen zur Aufdeckung von Zusammenhängen korreliert werden, ohne dass diese Daten auf den jeweiligen Systemen direkt berührt und verknüpft werden. Zudem können mit den zentralisierten Daten in einem Data Lake auch Wartungsvorhersagen in der Instandhaltung von Produktionsanlagen durch entsprechende Analysewerkzeuge im Sinne von Predictive Maintenance erstellt werden (vgl. Mathis 2017, S. 289f). Wird ein Data Lake jedoch ohne übergeordnete Governance-Strukturen, Strukturierung und Konzeptualisierung erstellt, dann besteht die Gefahr, dass die angesammelten Daten unbrauchbar für weitere Analysen und somit wertlos sind. Zudem besteht hierbei ein Risiko der Verletzung von rechtlichen Bestimmungen, insbesondere Datenschutzvorgaben (vgl. Baars & Kemper 2021, S. 83).

Ein Data Lake ist zudem durch verschiedene Merkmale gekennzeichnet, wie in Abbildung eins ersichtlich ist. Je weiter sich die Ausprägung des jeweiligen Merkmals eines Data Lakes an den Mittelpunkt annähert, desto weniger umfassend ist die Berücksichtigung des jeweiligen Merkmals. Findet beispielsweise das Merkmal Governance bei einem Data Lake kaum Berücksichtigung, können sogenannte Data Swamps entstehen, in welchem sich unbrauchbare Daten bzw. Daten in unbrauchbarer Form ansammeln und verkommen. Dementsprechend sollten diese Merkmale für ein leistungsfähiges Data Lake Konzept je nach Anwendungsfall umfassend berücksichtigt werden.

2.3 Architektur

Zur Umsetzung des Data Lake Konzepts existieren einige Technologien. Eine der bekannteren Technologien ist dabei das Open-Source-Projekt Hadoop. Hadoop ist ein Java-Framework, welches eine verteilte Datenspeicherung und eine parallele Datenverarbeitung auf günstiger, austauschbarer Hardware ermöglichen soll. Im Wesentlichen besteht Hadoop aus den drei Kernkomponenten HDFS (Hadoop Distributed File System), Hadoop Map Reduce und der Ressourcenverwaltungsplattform YARN, welche zwar im Zusammenspiel ihre Stärken maximieren können, aber dennoch auch einzeln gegen vergleichbare Komponenten anderer Hersteller austauschbar sind. HDFS ist dabei ein Dateisystem zur Speicherung der zu verarbeitenden Daten und Hadoop Map Reduce ist ein Programmierframework zur verteilten Datenverarbeitung (vgl. Freiknecht 2018, S. 21f). Darüber hinaus existieren für Hadoop noch weitere Lösungen und Komponenten, z.B. die Abfragesprache Hive, das Suchsystem Solr und die Machine Learning Umgebung Mahout. Neben Hadoop kann eine Big-Data-Architektur auch beispielsweise NoSQL-Technologien umfassen. Dementsprechend existiert nicht die eine Architektur für Big Data, sondern es sind je nach Anwendungsfall auch Kombinationen aus mehreren Technologien, Komponenten und Schnittstellenlösungen möglich (vgl. Dittmar 2016, S. 61f). Wie in Abbildung zwei deutlich wird, gelangen die verschiedenen Rohdaten mittels Datenex-

traktionswerkzeugen in die Big-Data-Umgebung. Dort können die Daten auf einer NoSQL-Datenbank abgespeichert werden, die wiederum auf einem Big-Data-Dateiverwaltungssystem aufsetzt.
Weitergehend können die abgelegten Daten dann mittels verschiedenen Abfrage- und Auswertungs-
komponenten analysiert und ausgewertet werden. Sofern erforderlich, können die Big-Data-Kompo-
nenten dabei auch von Data-Catalog-Komponenten zur Verwaltung von Metadaten und von Komponenten des Infrastruktur- und Ressourcenmanagements unterstützt werden. Aufbauend auf diesen Komponenten und Technologien kann in einer Big-Data-Umgebung zudem das Konzept des
Data Lakes integriert werden (vgl. Baars & Kemper 2021, S. 82f).

Abb. 2: Aufbau einer Big-Data-Umgebung

Quelle: Baars & Kemper 2021, S. 82

Durch die Verwendung verschiedener Softwarekomponenten von verschiedenen Anbietern besteht
so die Möglichkeit, deren jeweiligen Vorteile zu kombinieren und so eine auf den jeweiligen Anwendungsfall passende, leistungsfähige Big-Data-Architektur zu schaffen. Voraussetzung hierfür ist jedoch auch, dass bei der Planung und Umsetzung einer Big-Data-Architektur beispielsweise die Komponenten passend für den jeweiligen Anwendungsfall ausgewählt und Schnittstellenherausforderungen sauber gelöst werden.

3. Anwendungsbereiche Big Data

3.1 Business Intelligence

Der zunehmende technologische Fortschritt und die enormen Potenziale, die sich durch die Nutzung
von Big Data ergeben, lässt die Anzahl der Anwendungsbereiche sowie die Anzahl der Neugestaltung von bestehenden wirtschaftlichen und technischen Prozessen weiter ansteigen. Die Anwen-

dungsbereiche von Big Data finden sich dabei sowohl in wirtschaftlichen als auch in gesellschaftlichen Bereichen wieder. Daher existiert für Big Data eine Vielzahl an verschiedenen Einsatzmöglichkeiten, beispielsweise in der Industrie, im Gesundheitswesen oder auch in diversen Forschungsprojekten (vgl. Volk, Staegemann & Turowski 2020, S. 1046f). Big-Data-Technologien können dabei allerdings den Einsatz von BI (Business Intelligence) in Unternehmen und Institutionen nicht vollständig ersetzen. Zwar wurden im Laufe der vergangenen Jahre neue Komponenten im Big-Data-Umfeld entwickelt, aber für BI existieren teils über Jahrzehnte optimierte Softwarelösungen und Werkzeuge auch für speziellere Anwendungsfälle, die im Big-Data-Umfeld noch nicht realisiert wurden. Daher stellt beispielsweise der Data Lake keinen Ersatz, sondern vielmehr eine Ergänzung für ein relationales DWH (Data Warehouse) im Umfeld von Business Intelligence dar (vgl. Baars & Kemper 2021, S. 85).

Abb. 3: Big Data im Kontext der Business Intelligence

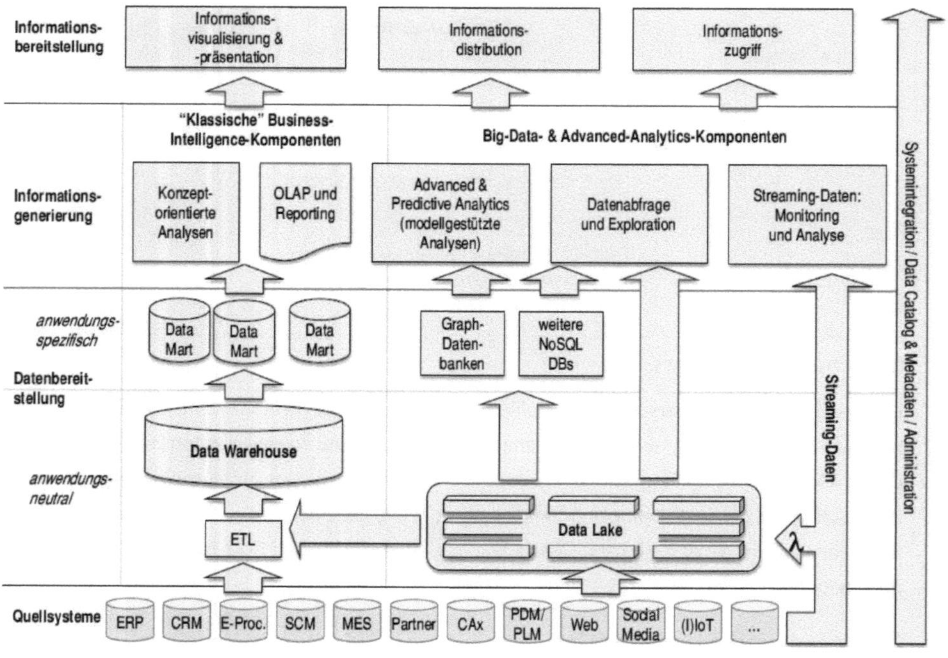

Quelle: Baars & Kemper 2021, S. 86

Abbildung drei zeigt dabei auf, wie Big-Data-Technologien und Konzepte im Kontext von Business Intelligence integriert werden können. So können beispielsweise verschieden strukturierte Daten aus einem Data Lake mittels ETL-Prozessen entsprechend extrahiert, transformiert und anschließend in das Data Warehouse geladen und dort verwaltet werden. Das Data Warehouse ist dabei häufig Bestandteil eines dispositiven Datenhaltungssystems, welches sich in ein Core-DWH mit mehreren

8

Data Marts gliedern kann und eine dispositive Informationsversorgung zur Entscheidungsunterstützung ermöglichen soll. Bei diesem dispositiven Datenkonzept werden die aggregierten Daten normalerweise dauerhaft und somit historienbildend abgelegt (vgl. Kemper & Finger 2016, S. 130). Durch den Einsatz von Big-Data-Technologien und Konzepten kann die Leistungsfähigkeit eines Data Warehouse deutlich gesteigert werden, sofern die durch Big Data gewonnen Informationen im Data Warehouse im konkreten Anwendungsfall entsprechend integriert werden können (vgl. Fischer 2020, S. 513f).

3.2 Industrie 4.0

Der Begriff Industrie 4.0 lässt sich in der wissenschaftlichen Literatur nicht eindeutig abgrenzen, sodass für Industrie 4.0 verschiedene Definitionen existieren. Im Wesentlichen ist Industrie 4.0 eine Form der industriellen Wertschöpfung, die durch Automatisierung, Vernetzung und Digitalisierung Einfluss auf alle beteiligten Akteure, Prozesse, Geschäftsmodelle und Produkte charakterisiert ist. Durch den technologischen Fortschritt und durch neue Konzepte im Rahmen von Industrie 4.0 ergeben sich daher insbesondere für Industrieunternehmen neue Handlungsmöglichkeiten in der Optimierung und Neugestaltung von Prozessen, Geschäftsmodellen und Produkten, die zu Kosten- und Differenzierungsvorteilen im Wettbewerb führen können (vgl. Obermaier 2019, S.6-8). In diesem Zusammenhang werden auch zunehmend CPS (Cyber-Physische Systeme) eingesetzt, bei welcher die physikalische und die virtuelle Welt miteinander verschmelzen. Maschinen und Produkte können dabei über technische Infrastruktur autonom miteinander interagieren und kommunizieren. So können beispielsweise im Bereich der präventiven Wartung Daten über den Zustand von bestimmter Maschinenbauteilen über Sensoren erfasst und in einem digitalen Wartungssystem abgespeichert und ausgewertet werden, sodass die Produktionsmaschine noch vor dem wahrscheinlichen Ausfall rechtzeitig gewartet werden kann (vgl. Lasi et al. 2014, S. 239f).

Abb. 4: Daten als Basis zur Ableitung von Informationen

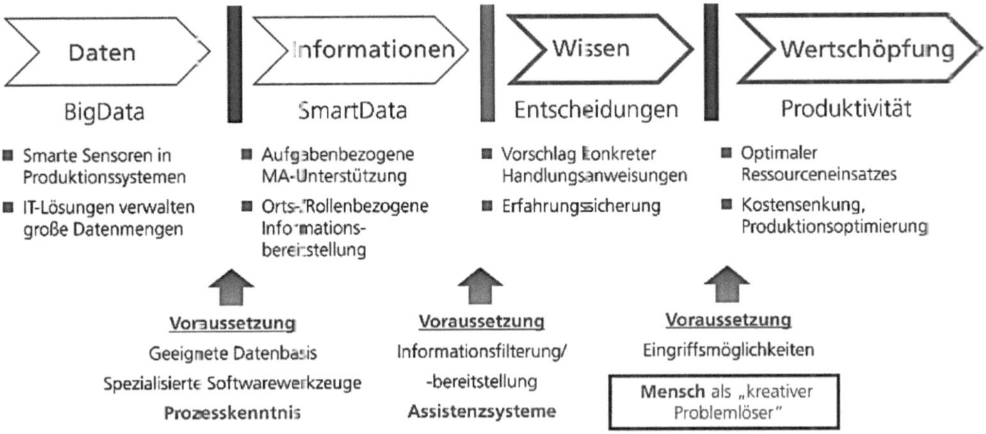

Daten	Informationen	Wissen	Wertschöpfung
BigData	SmartData	Entscheidungen	Produktivität
■ Smarte Sensoren in Produktionssystemen ■ IT-Lösungen verwalten große Datenmengen	■ Aufgabenbezogene MA-Unterstützung ■ Orts-/Rollenbezogene Informationsbereitstellung	■ Vorschlag konkreter Handlungsanweisungen ■ Erfahrungssicherung	■ Optimaler Ressourceneinsatzes ■ Kostensenkung, Produktionsoptimierung

Voraussetzung
Geeignete Datenbasis
Spezialisierte Softwarewerkzeuge
Prozesskenntnis

Voraussetzung
Informationsfilterung/ -bereitstellung
Assistenzsysteme

Voraussetzung
Eingriffsmöglichkeiten

Mensch als „kreativer Problemlöser"

Quelle: Drossel et al. 2018, S. 213

Big Data ist daher in Produktionsprozessen im Rahmen von Industrie 4.0 ein zentraler Bestandteil, wie auch aus Abbildung vier hervorgeht. Aus der großen, gesammelten Datenmenge, z.B. von den Sensoren der Produktionsmaschinen, können hierbei mittels Big-Data-Technologien neue Informationen gewonnen und bislang unentdeckte Zusammenhänge ermittelt werden. Die so generierten Informationen können dann den jeweils zuständigen Mitarbeitern zur Entscheidungsunterstützung bereitgestellt werden. Die Erkenntnisse aus den mittels Big-Data-Technologien ermittelten Informationen können zudem auch zur Optimierung von Produktionsprozessen sowie zur Produktoptimierung genutzt werden. Des Weiteren können auch Anbieter von Big-Data-Technologien beispielsweise anhand der Erfahrungen ihrer Kunden, die diese Technologien im Zusammenhang mit Industrie 4.0 verwenden, Rückschlüsse zur Optimierung der Big-Data-Technologien ziehen. Neben diesen Vorteilen existieren beim Einsatz von Big Data im Zusammenhang mit Industrie 4.0 allerdings auch Bedenken hinsichtlich der Datensicherheit, da hierbei teils vertrauliche und geheime Informationen über Produktionsprozesse in einer stark vernetzten Umgebung mit teils unterschiedlichen Sicherheitsanforderungen zirkulieren. Dementsprechend stellen die Sicherheit und die Akzeptanz von Big-Data-Anwendungen auch Herausforderungen in Industrie 4.0 dar (vgl. Kagermann 2014, S. 608-610). Insgesamt kann Big Data im Kontext von Industrie 4.0 einen wesentlichen Beitrag zur effizienteren Gestaltung von Produktionsprozessen und zur Wertschöpfung in Unternehmen leisten.

3.3 E-Commerce

Der Begriff E-Commerce (Electronic Commerce) umfasst im Kern den elektronischen Handel mit Dienstleistungen und Waren. Die Transaktionen, also die Anbahnung, der Abschluss und die Abwicklung von Käufen und Verkäufen, werden hierbei weitestgehend mittels Informations- und Kommunikationstechnik über das Internet durchgeführt, wobei beispielsweise der Warentransport von physischen Produkten auch über klassische Transportwege realisiert werden kann. Ein zentrales Merkmal von E-Commerce ist, unabhängig von digitaler oder physischer Zustellung der Warenlieferung oder Inanspruchnahme einer Dienstleistung, der elektronische Abschluss des Kaufvertrages. E-Commerce lässt sich zudem als Teilbereich des E-Business einordnen, da sich E-Business eher auf die Gesamtheit der digitalen inner- und zwischenbetrieblichen Wertschöpfungsprozesse bezieht (vgl. Deges 2020, S. 2-5). Im Zusammenhang mit E-Commerce werden teilweise CRM-Systeme (Customer-Relationship-Management-Systeme) eingesetzt, die in CRM-Datenbanken eine Vielzahl an Daten über Kundenkontakte, z.B. gekaufte Produkte und Anzahl der Beschwerden, sowie verschiedene CRM-Kennzahlen, z.B. den Kundenwert und die Kündigungswahrscheinlichkeit, abspeichern können. Die in einem CRM-System vorhandenen Daten sind genau wie die Daten, die während E-Commerce Transaktionen erfasst werden, wie z.B. Standortdaten von Nutzern eines Onlineshops während des Kaufabschlusses, für verschiedene Unternehmensbereiche von großem Interesse, wobei in Teilen der Bevölkerung allerdings Bedenken hinsichtlich der Speicherung von Standortdaten existieren. Wird diese große und teils komplexe Datenmenge mittels geeigneten Big-Data-Technologien gemäß den Bedürfnissen der jeweiligen Unternehmensbereiche entsprechend verarbeitet und ausgewertet, dann können relevante und nützliche Informationen beispielsweise für die Marketingforschung zur Ableitung zielgruppenorientierter Marketingmaßnahmen bereitgestellt werden (vgl. Meffert et al. 2019, S.170-172).

Im Zuge der fortschreitenden Digitalisierung nimmt auch die gesamte Datenmenge in E-Commerce Prozessen stark zu. Neben der ansteigenden Datenmenge während der elektronischen Anbahnung und dem elektronischen Abschluss von Kaufverträgen nimmt auch die Datenmenge während der Kaufabwicklung durch den Einsatz moderner IKT und hochgradig automatisierten, vernetzten Logistikabläufen zu. Dementsprechend sind hierbei leistungsfähige Big-Data-Systeme erforderlich, damit die für die Optimierung von Kaufabwicklungen notwendigen Informationen zeitnah bereitgestellt werden können. Somit kann Big Data dazu beitragen, die Erwartungshaltung der Kunden hinsichtlich einer zügigen Leistungserbringung zufriedenstellend zu erfüllen (vgl. Heinemann 2020, S. 302f). Des Weiteren können Big-Data-Technologien auch zur Preisgestaltung genutzt werden. Ein Beispiel hierfür ist der Online-Händler Amazon, der seit Jahren Big-Data-Analysen und Algorithmen für eine dynamische Preisgestaltung nutzt. Hierzu werden die Artikelpreise teils mehrmals täglich mittels Big-Data-Analysen an Angebot, Nachfrage, Kundendaten und Umweltfaktoren angepasst. Durch die dynamische Preisgestaltung sind dabei Rohertragssteigerungen von bis zu acht Prozent sowie Umsatzsteigerungen von bis zu 20 Prozent möglich (vgl. Gehrckens 2019, S. 56). Somit kann Big Data auch im Bereich E-Commerce mit einer zunehmenden Vielfalt an Anwendungsmöglichkeiten einen wesentlichen Beitrag zur Optimierung von E-Commerce Transaktionen und von Marketingmaßnahmen leisten.

3.4 Gesundheitswesen

Die Digitalisierung sorgt auch im Bereich des Gesundheitswesens für eine Zunahme der Datenmenge. Im Gesundheitswesen fallen dabei sowohl strukturierte Daten, z.B. in Form von medizinischen Analysen und Medikamentenverzeichnissen, als auch unstrukturiertere Daten an, z.B. in Form von Bildaufnahmen aus der Radiologie und in Form von frei formulierten Arztbriefen (vgl. Landrock & Gadatsch 2018, S. 5f). Zudem wurde auch die Datenerfassung in klinischen Studien in den letzten Jahren zunehmend digitalisiert. Somit wird die direkte Übernahme von Daten aus Messgeräten, z.B. zur Messung des Blutdrucks und der Sauerstoffsättigung, unter Einbezug weiterer Daten zu den Probanden in Studiendatenbanken ermöglicht. Aufgrund dieser digitalen Möglichkeiten erhöht sich die potenzielle Datenmenge in klinischen Studien im Vergleich zu klassischen Verfahren enorm (vgl. Timm 2016, S. 683f). Neben Medikamentenverzeichnissen und Daten aus klinischen Studien existieren im Gesundheitswesen auch noch weitere, verschiedene Daten beispielsweise in Krankenhausinformationssystemen und digitalen Patientenakten. Mittels Big-Data-Technologien können aus diesen verschiedenen Daten des Gesundheitswesens neue Informationen generiert und bislang verborgene Zusammenhänge identifiziert werden. So können z.B. Daten von klinischen Studien über Arzneimittelwirkungen schneller, effizienter und kostensparender ausgewertet und Krankheitsverläufe prognostiziert werden. Neben einer Vielzahl an neuen Anwendungsmöglichkeiten durch den Einsatz von Big Data im medizinischen Bereich können Big-Data-Technologien auch auf der betriebswirtschaftlichen Seite des Gesundheitswesens eingesetzt werden, beispielsweise zur finanziellen Ressourcenoptimierung (vgl. Rüping 2015, S. 794-796).

Im Gesundheitswesen existieren neben betriebswirtschaftlichen Daten auch viele personenbezogene Daten, beispielsweise Krankheitsverläufe und angewendete Behandlungsmethoden in Patientenakten. Diese personenbezogenen Daten sind daher von rechtlicher Seite durch die DSGVO (Datenschutz-Grundverordnung) der EU und auch auf nationaler Ebene durch das BDSG (Bundesdatenschutzgesetz) sowie bei gesundheitsbezogenen Daten auch durch das SGB X (Sozialgesetzbuch) entsprechend besonders geschützt. Daher müssen diese Daten vor der Verarbeitung durch Big-Data-Technologien entweder entsprechend anonymisiert werden oder es muss eine gesetzliche Erlaubnis oder auch eine Einverständniserklärung der betroffenen Person vorliegen (vgl. Spindler 2016, S. 695-698). Des Weiteren existieren in Fachkreisen Bedenken hinsichtlich der Verarbeitung von Daten des Gesundheitswesens durch Big-Data-Technologien. Insbesondere bestehen hierbei Bedenken in Bezug auf die Datensicherheit und eine zu starke Abhängigkeit von Big-Data-Technologien. Damit die Nutzung von Big Data im Gesundheitswesen erfolgreich sein kann, muss daher auf diese Bedenken mit entsprechenden Handlungsstrategien und Lösungsansätzen reagiert werden, z.B. mittels Investitionen in IT-Sicherheit und in ausfallsichere Systeme (vgl. Beier et al. 2019, S. 264f). Insgesamt kann Big Data im Gesundheitswesen einen wesentlichen Beitrag zur Gesellschaft leisten. Voraussetzung hierfür ist allerdings die Identifizierung und konsequente Minimierung rechtlicher und technischer Risikofaktoren.

4. Schlussbetrachtung

Der Begriff Big Data ist in der wissenschaftlichen Literatur nicht einheitlich definiert und wird aufgrund der verschiedenen Betrachtungsmöglichkeiten und Perspektiven teils kontrovers diskutiert. Im Wesentlichen bezieht sich der Begriff Big Data auf große Datenmengen, die zu groß und komplex für traditionelle Methoden zur Datenverarbeitung und Erkenntnisgewinnung sind. Zudem lässt sich Big Data durch die drei V-Anforderungen Volume, Variety und Velocity charakterisieren, welchen je nach Perspektive und Anwendungsfall eine unterschiedliche Relevanz zukommt. Dementsprechend umfasst der Begriff Big Data weit mehr als nur große Datenmengen, da auch die Verarbeitung und die Erkenntnisgewinnung zentrale Bestandteile von Big Data sind. Im Laufe der Zeit haben sich verschiedene Technologien und Konzepte zu Big Data entwickelt. Big-Data-Technologien werden häufig durch BASE-Anforderungen charakterisiert, welche sich von der klassischen, relationalen Transaktionslogik abwenden. Diese Anforderungen gelten auch für NoSQL-Datenbanken, die je nach Anwendungsfall eine performantere Verwaltung großer und unterschiedlicher Datenmengen ermöglichen können. Unstrukturierte, semi-strukturierte und strukturierte Daten können zudem auch mittels dem Konzept eines unternehmensweiten Data Lakes verwaltet werden. Hierbei müssen jedoch übergeordnete Governance-Strukturen, Strukturierungen und Konzeptualisierungen bei der Erstellung des Data Lakes berücksichtigt werden, da ansonsten Daten in unbrauchbarer Form abgespeichert werden. Eine Big-Data-Umgebung besteht häufig aus mehreren Komponenten, die je nach Anwendungsfall entsprechend ausgewählt und kombiniert werden. Daher kann eine Big-Data-Architektur neben NoSQL-Technologien auch beispielsweise Komponenten des Open-Source-Projekts Hadoop zur Datenextraktion, zur Big-Data-Dateiverwaltung und zur Datenauswertung umfassen. Voraussetzung für eine leistungsfähige Big-Data-Architektur ist allerdings auch, dass bei deren Planung und Umsetzung für den jeweiligen Anwendungsfall passende Komponenten ausgewählt und Schnittstellenherausforderungen sauber gelöst werden.

Big Data findet in vielfältiger Form in verschiedenen Bereichen von Wirtschaft und Gesellschaft Anwendung. Der zunehmende technologische Fortschritt und die enormen Potenziale, die sich durch die Nutzung von Big Data ergeben, lässt die Anzahl der Anwendungsbereiche weiter ansteigen. Dabei kann Big Data allerdings den Einsatz von Business Intelligence in Unternehmen und Institutionen nicht vollständig ersetzen, da für BI teils seit Jahrzehnten Softwarelösungen und spezielle Werkzeuge entwickelt und optimiert wurden, die im Umfeld von Big Data noch nicht existieren. Daher kann Big Data vielmehr eine Ergänzung als ein Ersatz für eine BI-Architektur darstellen. Durch den Einsatz von Big-Data-Technologien und Konzepten kann die Leistungsfähigkeit eines Data Warehouse deutlich gesteigert werden. Im Bereich von Industrie 4.0 ergeben sich durch die Anwendung von Big Data in Industrieunternehmen neue Handlungsmöglichkeiten in der Optimierung und Neugestaltung von Prozessen, Geschäftsmodellen und Produkten, die zu Kosten- und Differenzierungsvorteilen im Wettbewerb führen können. Mittels Big-Data-Technologien können so beispielsweise

Sensordaten von Produktionsmaschinen effizient ausgewertet und dadurch bislang unentdeckte Zusammenhänge ermittelt werden. Die so ermittelten Erkenntnisse können zur Optimierung von Produktionsprozessen sowie zur Produktoptimierung genutzt werden. Da es sich hierbei um teils vertrauliche und geheime Informationen handelt, stellen Sicherheit und Akzeptanz von Anwendungen zu Big Data auch Herausforderungen in Industrie 4.0 dar. Im Bereich E-Commerce können mittels geeigneten Big-Data-Technologien große und teils komplexe Datenmengen entsprechend der Bedürfnisse der jeweiligen Unternehmensbereiche verarbeitet und ausgewertet werden. Aus den so generierten Informationen können dann beispielsweise zielgruppenorientierte Marketingmaßnahmen sowie Optimierungsmöglichkeiten zu Kaufprozessen abgeleitet werden. Auch im Bereich Gesundheitswesen existieren vielfältige Möglichkeiten zur Anwendung von Big-Data-Technologien, die eine schnelle, effiziente und kostensparende Auswertung von beispielsweise klinischen Studien ermöglichen können. Demgegenüber stehen allerdings rechtliche und technische Bedenken hinsichtlich Datenschutz und IT-Sicherheit, insbesondere in Bezug auf sensible, personenbezogene und medizinische Daten. Insgesamt kann Big Data in verschiedenen Anwendungsbereichen heute und auch in Zukunft einen wesentlichen Beitrag zur effizienteren Gestaltung von wertschöpfenden Prozessen sowie zur Verbesserung der Lebensqualität vieler Menschen leisten. Voraussetzungen hierfür sind zum einen die Implementierung von für den jeweiligen Anwendungsfall geeigneten, effizienten Big-Data-Technologien und zum anderen auch die Identifizierung und konsequente Minimierung rechtlicher und technischer Risikofaktoren.

Literaturverzeichnis

Baars, H./ Kemper, H. (2015): *Integration von Big Data-Komponenten in die Business Intelligence.* In: Controlling – Zeitschrift für erfolgsorientierte Unternehmenssteuerung, 27. Jg., Heft 4-5, S. 222-228.

Baars, H./ Kemper, H. (2021): *Business Intelligence & Analytics – Grundlagen und praktische Anwendungen. Ansätze der IT-basierten Entscheidungsunterstützung.* 4. Auflage, Springer Vieweg, Wiesbaden.

Bauer, W. et al. (2018): *Arbeitswelt der Zukunft.* In: Neugebauer, R. (Hrsg.): Digitalisierung. Schlüsseltechnologien für Wirtschaft und Gesellschaft. Springer Vieweg, Berlin, Heidelberg, S. 179-195.

Beier, K. et al. (2019): *Effiziente medizinische Forschung oder gläserner Patient? Szenarien der Big Data Medizin - Ethische und soziale Aspekte der Datenintegration im Gesundheitswesen.* In Ethik in der Medizin, 31. Jg., Heft 3, S. 261-266.

Deges, F. (2020): *Grundlagen des E-Commerce: Strategien, Modelle, Instrumente.* Springer-Gabler, Wiesbaden.

Dittmar, C. (2016): *Die nächste Evolutionsstufe von AIS. Big Data.* In: Gluchowski, P./ Chamoni, P (Hrsg.): Analytische Informationssysteme. Business Intelligence-Technologien und -Anwendungen. 5. Auflage, Springer-Gabler, Berlin, Heidelberg, S. 55-65.

Drossel, W. et al. (2018): *Cyber-Physische Systeme. Forschen für die digitale Fabrik.* In: Neugebauer, R. (Hrsg.): Digitalisierung. Schlüsseltechnologien für Wirtschaft und Gesellschaft. Springer Vieweg, Berlin, Heidelberg, S. 197-222.

Fischer, J. (2020): *Data Warehousing.* In: Kollmann, T. (Hrsg.): Handbuch Digitale Wirtschaft. Springer-Gabler, Wiesbaden, S. 511-516.

Freiknecht, N. (2018): *Big Data in der Praxis. Lösungen mit Hadoop, Spark, HBase und Hive : Daten speichern, aufbereiten, visualisieren.* 2. Aufl., Hanser, München.

Gandomi, A./ Haider, M. (2015): *Beyond the hype. Big data concepts, methods, and analytics.* In: International Journal of Information Management, 35. Jg., Heft 5, S. 137-144.

Gehrckens, H.M. (2019): *Das Transformationsdilemma im Einzelhandel.* In: Heinemann, G./ Gehrckens, H.M./ Täuber, T. (Hrsg.): Handel mit Mehrwert. Digitaler Wandel in Märkten, Geschäftsmodellen und Geschäftssystemen. Springer-Gabler, Wiesbaden, S. 43-70.

Giebler, C. et al. (2020): *Data Lakes auf den Grund gegangen. Herausforderungen und For-schungslücken in der Industriepraxis.* In: Datenbank-Spektrum. Zeitschrift für Datenbanktechnolo-gien und Information Retrieval. 20. Jg., Heft 1, S. 57-69.

Grable, J. E./ Lyons, A. C. (2018): *An Introduction to Big Data.* In: Journal of Financial Service Professionals, 72. Jg., Heft 5, S. 17-20.

Heinemann, G. (2020): *Der neue Online-Handel. Geschäftsmodelle, Geschäftssysteme und Bench-marks im E-Commerce.* 11. Aufl., Springer-Gabler, Wiesbaden.

Kagermann, H. (2014): *Chancen von Industrie 4.0 nutzen.* In: Bauernhansl, T./ Ten Hompel, M./ Vogel-Heuser, B. (Hrsg.): Industrie 4.0 in Produktion, Automatisierung und Logistik. Anwendung · Technologien · Migration, Springer Vieweg, Wiesbaden, S. 603-614.

Kemper, H./ Finger, R. (2016): *Transformation operativer Daten.* In: Gluchowski, P./ Chamoni, P. (Hrsg.): Analytische Informationssysteme. Business Intelligence-Technologien und -Anwendungen. 5. Auflage, Springer-Gabler, Berlin, Heidelberg, S. 129-145.

Kollmann, T. (2019): *E-Business. Grundlagen elektronischer Geschäftsprozesse in der Digitalen Wirtschaft.* 7. Auflage, Springer-Gabler, Wiesbaden.

Kollmann, T. (2020): *Einführung in das E-Business.* In: Kollmann, T. (Hrsg.): Handbuch Digitale Wirtschaft. Springer-Gabler, Wiesbaden, S. 3-19.

Krcmar, H. (2015): *Informationsmanagement.*6. Auflage, Springer-Gabler, Berlin, Heidelberg.

Landrock, H./ Gadatsch, A. (2018): *Big Data im Gesundheitswesen kompakt. Konzepte, Lösungen, Visionen.* Springer Vieweg, Wiesbaden.

Lasi, H. et al. (2014): *Industry 4.0.* In: Business & Information Systems Engineering, 6. Jg., Heft 4, S. 239-242.

Mathis, C. (2017): *Data Lakes.* In: Datenbank-Spektrum. Zeitschrift für Datenbanktechnologien und Information Retrieval. 17. Jg., Heft 3, S. 289-293.

Meffert, H. et al. (2019): *Grundlagen marktorientierter Unternehmensführung. Konzepte – Instru-mente – Praxisbeispiele.* 13. Aufl., Springer-Gabler, Wiesbaden.

Moniruzzaman, A.B.M./ Hossain, S.A. (2013): *NoSQL Database. New Era of Databases for Big data Analytics - Classification, Characteristics and Comparison.* In: International Journal of Database Theory and Application, 6. Jg., Heft 4, S. 1-13.

Müller, O./ Fay, M./ vom Brocke, J. (2018): *The effect of big data and analytics on firm performance. An econometric analysis considering industry Characteristics.* In: Journal of Management Information Systems, 35. Jg., Heft 2, S. 488-509.

Obermaier, R. (2019): *Industrie 4.0 und Digitale Transformation als unternehmerische Gestaltungsaufgabe.* In: Obermaier, R (Hrsg.): Handbuch Industrie 4.0 und Digitale Transformation. Betriebswirtschaftliche, technische und rechtliche Herausforderungen. Springer-Gabler, Wiesbaden, S. 3-46.

Oswald, G. et al. (2018): *Technologietrends in der digitalen Transformation.* In: Oswald, G./ Kremar H. (Hrsg.): Digitale Transformation. Fallbeispiele und Branchenanalysen. Springer-Gabler, Wiesbaden, S. 11-34.

Rüping, S. (2015): *Big Data in Medizin und Gesundheitswesen.* In: Bundesgesundheitsblatt, 58. Jg., Heft 8, S. 794-798.

Spindler, G. (2016): *Big Data und Forschung mit Gesundheitsdaten in der gesetzlichen Krankenversicherung.* In: MedR Medizinrecht, 34. Jg., Heft 9, S. 691-699.

Timm, J. (2016): *Digitalisierung und Big Data in der Medizin Daten in der medizinischen Forschung.* In: MedR Medizinrecht, 34. Jg., Heft 9, S. 681-686.

Volk, M./ Staegemann, D./ Turowski, K. (2020): *Big Data.* In: Kollmann, T. (Hrsg.): Handbuch Digitale Wirtschaft. Springer-Gabler, Wiesbaden, S. 1037-1053.